KÖNIGIN ELIZABETH II

EINE REGENTSCHAFT IN BILDERN

DIAMANTENES THRONJUBILÄUM
1952–2022

JUGEND · KRÖNUNG · FAMILIE · LEIDENSCHAFTEN

Lifestyle
BUSSE
SEEWALD

FUTURE

INHALT

Königin Elizabeth II

Ihre Regentschaft in Bildern

„Ich verspreche Ihnen allen, dass ich mein ganzes Leben, sei es lang oder kurz, dem Dienst an unserer großen britischen Familie, zu der wir alle gehören, widmen werde.“ So lautete das Versprechen von Prinzessin Elizabeth an das britische Commonwealth in einer Rede, die am 21. April 1947, ihrem 21. Geburtstag, aus Kapstadt im Radio übertragen wurde. Seit 70 Jahren hält Königin Elizabeth II. ihr Versprechen, ihrem Volk zu dienen, und für die meisten Menschen, die heute in Großbritannien und im Commonwealth leben, ist sie die einzige Monarchin, die sie je gekannt haben.

In diesem Jahr feiert die Königin ihr 70-jähriges Thronjubiläum. Keine Monarchin vor ihr hat so lange regiert. Ihre Regierungszeit hat bemerkenswerte Höhen und Tiefen erlebt, aber inmitten der sozialen und politischen Umwälzungen der letzten sieben Jahrzehnte war sie stets eine unerschütterliche und konstante Figur.

Werfen Sie einen Blick auf einige der wichtigsten und bewegendsten Momente ihrer Herrschaft und ihres persönlichen Lebens.

B·O·A

Eine neue Ära

6. Februar 1952

Ende Januar 1952 begaben sich Prinzessin Elizabeth und Prinz Philip im Namen ihres Vaters, König Georg VI., der wegen seiner Lungenkrebserkrankung nicht reisen konnte, auf eine Reise nach Australien und Neuseeland, die über Kenia führte. Sie befanden sich in Kenia, als der König am 6. Februar in Sandringham im Schlaf starb. Philip überbrachte Elizabeth die Nachricht und das Paar kehrte sofort nach London zurück, wo es von Premierminister Winston Churchill begrüßt wurde. Elizabeth hatte Großbritannien als Prinzessin verlassen, aber kehrte als Königin zurück.

Die Krönungs-zeremonie

2. Juni 1953

Elizabeth wurde erst ein Jahr nach dem Tod ihres Vaters in der Westminster Abbey zur 39. Monarchin gekrönt, um Trauerzeit zu gewähren. Mehr als 8000 Menschen waren zur Krönungszeremonie anwesend. Elizabeth trug ein von Norman Hartnell entworfenes Krönungsgewand, das mit den Emblemen des Vereinigten Königreichs und des Commonwealth bestickt war. Hier erweist ihr Ehemann, der Herzog von Edinburgh, ihr die Ehre.

Philip hatte als Vorsitzender der Krönungskommission angeregt, die Zeremonie auf BBC zu übertragen. Die Sendung erreichte mehr als 27 Millionen Menschen im Vereinigten Königreich und Millionen weitere auf der ganzen Welt.

Vom Volk bejubelt

2. Juni 1953

Nach der Krönungszeremonie kehrte die Königin in der goldenen Staatskutsche zum Buckingham-Palast zurück. Sie selbst beschrieb die Fahrt als „nicht sehr komfortabel" In königlicher Robe und mit der Staatskrone erschien sie mit ihrer Familie auf dem Balkon, um der Menge zuzuwinken. Auf diesem Foto ist die Königin mit Prinz Philip, Prinz Charles und Prinzessin Anne zu sehen. An diesem Tag erschien sie mehrmals auf dem Balkon, unter anderem, um einen Flug über dem Buckingham-Palast zu beobachten und die „Lichter Londons" einzuschalten, zu denen kaskadenartige Lichter auf der Mall und Flutlichter an der National Gallery und dem Tower of London gehörten.

IN KÖNIGLICHER ROBE UND MIT DER STAATSKRONE ERSCHIEN SIE MIT IHRER FAMILIE AUF DEM BALKON, UM DER MENGE ZUZUWINKEN.

TAUSENDE VON MENSCHEN DRÄNGTEN SICH AM THEMSEUFER, UM DIE RÜCKKEHR DER KÖNIGIN AUF DER KÖNIGLICHEN YACHT BRITANNIA ZU ERLEBEN.

Reise durch das ganze Commonwealth

November 1953 – Mai 1954

Nach ihrer Krönung begab sich die Königin auf ihre längste Commonwealth-Reise. Sie wurde von Prinz Philip, Prinz Charles und Prinzessin Anne begleitet. Die Familie besuchte 13 Länder in Afrika, Asien, Australasien und Westindien. Die Königin ist hier mit Prinz Philip bei einem Maori-Empfang auf der Arawa Park Rennbahn im neuseeländischen Rotorua zu sehen. Sie trägt einen Korowai-Umhang aus Kiwifedern, den sie als Geschenk erhalten hat. Tausende von Menschen drängten sich am Themseufer, um die Rückkehr der Königin auf der königlichen Yacht Britannia zu erleben. Heute gilt sie als die am weitesten gereiste Monarchin der Geschichte.

CHURCHILLS ABSCHIED

4. April 1955

Am Vorabend seines Ruhestands gab Premierminister Winston Churchill in der Downing Street 10 ein Abendessen, an dem auch Königin Elizabeth und der Herzog von Edinburgh teilnahmen. Churchill und die Königin hatten eine enge Beziehung zueinander entwickelt, denn Churchill war ein Freund ihres verstorbenen Vaters und half der jungen Monarchin in den ersten Jahren ihrer Regentschaft. Für Churchill war es eine große Ehre, Gastgeber der Königin zu sein, und obwohl er ihr Angebot, ihn zum Duke of London zu machen, ablehnte, nahm er den Hosenbandorden an.

ERSTE WEIHNACHTS-ANSPRACHE IM FERNSEHEN

25. Dezember 1957

Die Königin schrieb Geschichte, als sie 1957 ihre erste im Fernsehen übertragene Weihnachtsansprache aus der Long Library in Sandringham hielt. Die Tradition der Weihnachtsansprache geht auf König George V zurück, der 1932 die erste Ansprache im Rundfunk hielt. In der Live-Übertragung bemerkte die Königin: „Vor 25 Jahren hat mein Großvater die erste dieser Weihnachtsbotschaften gesendet. Heute ermöglicht das Fernsehen vielen von Ihnen, mich in Ihrem eigenen Zuhause zu sehen.“ Auf diesem Foto lächelt sie Prinz Philip an.

Die Geburt der Prinzen Andrew & Edward

19. Februar 1960 und 10. März 1964

1960, zehn Jahre nach der Geburt ihres zweiten Kindes und einzigen Tochter Prinzessin Anne, brachte die Königin Prinz Andrew zur Welt. Nach 103 Jahren war sie die erste amtierende Monarchin, die Mutter wurde. Bei der Geburt Edwards im Jahr 1964 soll Philip, auf ihre Bitte hin, im Kreißsaal anwesend gewesen sein. Damit war er der erste königliche Vater in der modernen Geschichte, der bei der Geburt eines seiner Kinder dabei war. Das Foto zeigt die Königin, mit Prinz Edward auf dem Arm, und Philip auf dem Balkon des Buckingham-Palastes während des Trooping of the Colour im Juni 1964.

Besuch von den Kennedys

15. Juni 1961

Wenige Monate nach seinem Amtsantritt besuchten Präsident John F. Kennedy und seine Frau Jackie den Buckingham-Palast, wo die Königin ein Bankett zu ihren Ehren gab. Nur zwei Jahre später, im November 1963, wurde JFK ermordet. Prinz Philip nahm allein an der Beerdigung teil, da Elizabeth mit Prinz Edward schwanger war. Allerdings weihte sie 1965 eine Gedenkstätte für Kennedy in Runnymede, Berkshire, ein. Während ihrer sieben Dekaden langen Regentschaft hat die Königin 13 der 14 US-Präsidenten getroffen, die während dieser Zeit im Amt waren. Der einzige, den sie nie traf, war Kennedys Nachfolger Lyndon B. Johnson.

Berühmter Tanz

20. November 1961

Ghana erlangte 1957 die Unabhängigkeit vom Vereinigten Königreich. 1960 wurde die Monarchie abgeschafft und Ghana wurde eine Commonwealth-Republik. Trotz der Besorgnis über die Beziehungen Ghanas zur Sowjetunion besuchte die Königin das Land 1961, um es im Commonwealth zu halten Es war ihr erster Besuch in Ghana. Beim Abschiedsball im State House in Accra erregte die Königin durch ihren Tanz mit dem ghanaischen Präsidenten Kwame Nkrumah Aufsehen. Auf diesem Foto tanzen sie zu einer speziellen Version von „High Life“ namens „Welcome Your Majesty“, die für diesen Anlass komponiert wurde.

WINSTON CHURCHILLS BEERDIGUNG

30. Januar 1965

„Die Welt hat ein vielseitiges Genie verloren. Das Überleben dieses Landes und der Schwesternationen des Commonwealth im Angesicht der größten Gefahr, die sie je bedroht hat, bleibt uns als ewiges Denkmal für seine Führung, seine Vision und seinen unbeugsamen Mut", schrieb die Königin nach dem Tod ihres Mannes an Lady Churchill. Churchills Leichnam wurde drei Tage lang in der Westminster Hall aufgebahrt, bevor er, wie von Elizabeth angeordnet, in der St. Paul's Cathedral beigesetzt wurde. Die Königin erschien vor Churchills Familie zur Trauerfeier. Damit verstieß sie – als Zeichen des Respekts – gegen das königliche Protokoll, das vorschreibt, dass sie bei jeder Veranstaltung als letzte eintrifft.

Staatsbesuch in Westdeutschland

27. Mai 1965

Der historische Besuch der Königin in Berlin bildete den Höhepunkt eines 20-jährigen Versöhnungsprozesses nach dem Ende des Zweiten Weltkriegs. Die Hauptstadt wurde schnell vom „Queen-Fieber" erfasst. Mehr als eine Million Menschen säumten die Straßen, um der Königin und Prinz Philip zuzujubeln, als sie nach einem Empfang das Schloss Charlottenburg in einem offenen Wagen verließen. In einer Rede sagte die Königin den Menschen in Westberlin ihre Unterstützung zu. Am Ende ihres Besuchs trug sie sich im Rathaus Schöneberg in das Goldene Buch der Stadt ein.

BZ

Ein historischer Sieg

30. Juli 1966

Nach dem 4:2-Sieg Englands gegen Westdeutschland in der Verlängerung des Endspiels der Fußballweltmeisterschaft 1966 im Wembley-Stadion überreichte die Königin dem englischen Kapitän Bobby Moore die Jules-Rimet-Trophäe. 93000 Menschen waren im Stadion, um diesen großen Moment der britischen Sportgeschichte mitzuerleben. Die Königin erinnerte 55 Jahre später an diesen Moment, als sie den englischen Nationaltrainer Gareth Southgate und die englische Mannschaft für ihren „Geist, ihr Engagement und ihren Stolz" lobte, nachdem sie das Finale der Euro 2020 erreicht hatten.

Die Katastrophe von Aberfan

21. Oktober 1966

Im walisischen Aberfan brach eine Kohlenhalde ein und begrub die örtliche Schule unter sich. 144 Menschen kamen ums Leben, darunter 116 Kinder. Die Königin traf acht Tage nach der Katastrophe ein, um den Familien der Opfer ihr Mitgefühl auszusprechen. Sie war sehr betroffen von dem Unglück und bedauerte offenbar ihre verspätete Ankunft in Aberfan – Sie hatte die Rettungs- und Bergungsarbeiten nicht behindern wollen. Dies war eine der wenigen Situationen in ihrer Regierungszeit, in denen die Königin in der Öffentlichkeit weinte. Sie hat Aberfan seitdem mehrmals besucht.

EINBLICKE INS KÖNIGLICHE FAMILIENLEBEN

21. Juni 1969

Royal Family hieß eine Fernsehdokumentation, die auf BBC 1 und ITV ausgestrahlt wurde und das tägliche Leben der Königin und ihrer Familie dokumentierte. Pressesekretär William Heseltine und Fernsehproduzent John Brabourne wollten damit zeigen, dass die königliche Familie nicht weltfremd ist. Mehr als 30 Millionen Menschen im Vereinigten Königreich schalteten ein, und schätzungsweise 350 Millionen Menschen in aller Welt sahen zu. Der Dokumentarfilm, der 1977 zum letzten Mal ausgestrahlt wurde, erhielt Kritik, weil er zu viel über die Monarchie verriet. Die Königin verbot die erneute Ausstrahlung.

Die Krönung des Prinzen von Wales

1. Juli 1969

Die Königin ernannte ihren ältesten Sohn 1958 zum Prince of Wales, jedoch wurde er erst elf Jahre später in einer Zeremonie, die eher für das Fernsehen als für die Geschichte bestimmt war, in sein Amt eingeführt. Millionen von Zuschauern verfolgten das Spektakel auf Schloss Caernarfon, wo Charles seine Insignien überreicht bekam und gelobte, „mit Leib und Leben Lehnsmann" seiner Mutter zu sein. Vor der Zeremonie kam es zu Protesten walisischer Nationalisten und zu einer Bombenexplosion, bei der zwei Menschen starben. Charles, der einige Zeit damit verbracht hatte, Walisisch zu lernen, reiste anschließend eine Woche lang durch sein neues Fürstentum.

MILLIONEN VERFOLGTEN
DAS SPEKTAKEL AUF
SCHLOSS CAERNARFON.

Die treuen Gefährten

4. Februar 1970

Auf vielen Bildern sieht man Königin Elizabeth in Begleitung ihrer geliebten Corgis. Seit ihrer Kindheit hatte die Königin Pembroke Welsh Corgis, den ersten, Dookie, hatte sie 1933 von ihrem Vater bekommen. Zu ihrem 18. Geburtstag erhielt die Königin einen Corgi namens Susan, der Elizabeth und den Duke of Edinburgh 1947 auf ihrer Hochzeitsreise begleitete. Während ihrer langen Regierungszeit besaß die Königin über 30 Corgis, von denen viele von Susan abstammten. Außerdem besaß sie Cockerspaniels sowie Dorgis, eine Dackel-Corgi-Kreuzung.

DIE WINDSOR WALKABOUTS

1. Mai 1970

Walkabouts sind ein fester Bestandteil des modernen königlichen Lebens. Sie wurden 1970 auf einer Reise durch Australien eingeführt und fanden großen Anklang. Statt – wie früher üblich – Menschenmengen aus der Ferne zuzuwinken, ging die Königin zu ihnen hin, um sie direkt anzusprechen. Die Idee stammte von ihrem Privatsekretär, dem Australier Sir William Heseltine, dem daran gelegen war, die Royals zugänglicher zu machen. Charles, Philip und Anne nahmen ebenfalls an der Reise teil. Kritiker wollen beobachtet haben, dass sie sich bei den ersten Walkabouts unzufrieden äußerten.

Geliebter Rückzugsort

1. Oktober 1972

Balmoral, der Landsitz der Königin in den schottischen Highlands, ist seit der Regentschaft von Königin Victoria ein Urlaubsdomizil für die königliche Familie. Die Königin verbringt jeden Sommer in Balmoral, widmet sich ländlichen Aktivitäten und entspannt sich abseits der Presse. Es heißt, Balmoral sei ihr Lieblings-Landsitz. Dort machte Prinz Philip Elizabeth einen Heiratsantrag und sie verbrachten einen Teil ihrer Flitterwochen in Birkhall, einem Landhaus auf dem Anwesen. Das Foto zeigt die Königin und Prinz Philip bei einem Spaziergang zwischen den Highland-Rindern auf dem Gelände von Balmoral.

GELIEHENE DIAMANTEN UND EIN UMSTRITTENES KONZERT

3. Januar 1973

Der Beitritt Großbritanniens zur EWG (später zur EU) im Januar 1973 wurde mit einem elftägigen Festival gefeiert. Den Auftakt machte ein Galakonzert im Covent Garden, das die Königin in Begleitung des damaligen Premierministers Edward Heath besuchte. Für diesen Anlass hatte Edward Gregson seine *Fanfare für Europa* komponiert. Die Finanzierung des Festivals durch die Regierung, zu dem auch ein mit Stars besetztes Fußballspiel in Wembley gehörte, war umstritten, und vor dem Konzert waren Buhrufe zu hören. Die Königin musste sich in letzter Minute ein Diadem für die Veranstaltung ausleihen, da ihr eigenes auf dem Weg nach Covent Garden im Auto zerbrach.

IM SOMMER FÜHRTE DIE REISE DURCH ALLE VIER NATIONEN DES VEREINIGTEN KÖNIGREICHS, WOBEI SIE 36 GRAFSCHAFTEN BESUCHTE.

Grosse Reise zum silbernen Thronjubiläum

2. Februar 1977

Anlässlich des ersten großen Jubiläums ihrer Regentschaft, dem silbernen Thronjubiläum, unternahm die Königin ihre umfangreichste Reise. Anfang 1977 besuchte sie Samoa, Tonga und Fidschi, dann ging es weiter nach Neuseeland, Australien und Indien. Im Sommer führte die Reise durch alle vier Nationen des Vereinigten Königreichs, wobei sie in den Monaten Juni, Juli und August 36 Grafschaften besuchte. Im letzten Teil ihres silbernen Jubiläumsjahres besuchte die Königin Kanada, die Britischen Jungferninseln, die Bahamas und Barbados, wo sich jeweils große Menschenmengen einfanden.

Historischer Staatsbesuch bricht religiöse Barrieren

17. Oktober 1980

Die Königin war die erste britische Monarchin, die dem Vatikan auf Einladung von Papst Johannes Paul II. einen Staatsbesuch abstattete. Obwohl sie bereits von früheren Päpsten im Vatikan empfangen worden war, wurde der Staatsbesuch als Beginn einer engeren Verbindung zwischen der Kirche von England und der katholischen Kirche gesehen. Im traditionell schwarzen Gewand mit Schleier hielt die Königin eine Rede, in der sie den Papst offiziell ins Vereinigte Königreich einlud. Als Johannes Paul II. zwei Jahre später als erster amtierender Papst in England eintraf, empfing Elizabeth ihn im Buckingham-Palast.

„Der Stoff, aus dem Märchen sind"

29. Juli 1981

Die Hochzeit von Prinz Charles und Lady Diana Spencer war für die Königin ein Moment persönlichen Glücks, aber auch ein Versprechen für die Kontinuität der Dynastie. Der Erzbischof von Canterbury sagte bei der Trauung in der St. Paul's Cathedral zu den 3500 Gästen, dies sei „der Stoff, aus dem Märchen sind". Ein Fernsehpublikum von 750 Millionen Menschen auf der ganzen Welt feierte mit und eine riesige Menschenmenge jubelte, als die Frischvermählten auf dem Balkon des Buckingham-Palastes mit einem Kuss die „Hochzeit des Jahrhunderts" besiegelten.

Hinter der Kamera

16. Mai 1982

Die Königin ist eine der meistfotografierten Frauen der Welt, aber sie genießt es auch, hinter der Kamera zu stehen. Das Hobby der Fotografie hat sie bereits in ihrer Kindheit mit ihrem geliebten Vater geteilt. Im Laufe der Jahrzehnte entstanden viele Fotos, die sie mit einer Kamera zeigen. 1954 wurde sie sogar bei der Rückkehr von ihrer Commonwealth-Reise beim Fotografieren gefilmt. Es heißt, die Königin fotografiere häufig, wenn ihre Familie versammelt ist. Auch ihre Fotoalben habe sie auf Reisen immer dabei.

IHR ERSTES PFERD, EIN SHETLANDPONY, BEKAM SIE IM ALTER VON VIER JAHREN.

Begeisterte Reiterin

8. Juni 1982

Die Königin reitet seit ihrer frühen Kindheit. Ihr erstes Pferd, ein Shetlandpony, bekam sie im Alter von vier Jahren. Noch 2021, im Alter von 95 Jahren, ritt die Königin ihre Pferde. Diese Leidenschaft teilt sie mit ihrer Tochter, Prinzessin Anne und deren Tochter Zara Tindall, die beide bei den Olympischen Spielen an Reitwettbewerben teilgenommen haben. Die Königin wurde während ihrer Regentschaft häufig auf dem Pferderücken fotografiert – hier im Windsor Great Park mit Präsident Ronald Reagan während seines Staatsbesuchs im Jahr 1982.

Grossmutter des zukünftigen Königs

21. Juni 1982

Am Mittsommerabend wurde bekannt gegeben, dass die Prinzessin von Wales einen Sohn zur Welt gebracht hat und damit die direkte Thronfolge der Königin gesichert ist. Nur wenige Stunden später verließ der Prinz von Wales unter großem Jubel das St. Mary's Hospital in London. Tausende versammelten sich vor dem Buckingham-Palast, um der offizielle Erklärung über die Ankunft des künftigen Königs beizuwohnen. Der erste Fototermin des Neugeborenen fand am nächsten Tag statt, als Mutter und Sohn die Klinik verließen. Er wurde im August im Buckingham-Palast auf den Namen William Arthur Philip Louis getauft.

TROOPING THE COLOUR

11. Juni 1983

Trooping the Colour ist eine Zeremonie, die von den Regimentern der britischen Armee zur Feier des offiziellen Geburtstags des Herrschers durchgeführt wird. Sie wird seit über 270 Jahren abgehalten. Die Königin hat während ihrer Regierungszeit jedes Jahr an der Veranstaltung teilgenommen, ausgenommen 1955, als sie wegen eines landesweiten Bahnstreiks abgesagt wurde. 1981 erschraken sowohl die Königin als auch ihr Pferd, als Marcus Sarjeant sechs Platzpatronen auf sie abfeuerte, als sie die Mall entlang ritt. Sie blieb jedoch unverletzt. Die Königin ist hier bei der Zeremonie 1983 im Damensattel zu sehen, hinter ihr reiten Prinz Philip und Prinz Charles. Seit 1987 fährt sie in einer Kutsche.

Erste Reise nach China

12.-18. Oktober 1986

Zwei Jahre nachdem das Vereinigte Königreich 1997 der Rückgabe Hongkongs zugestimmt hatte, reiste die Königin als erste britische Monarchin nach China. Die formelle Ankunftszeremonie fand an den Mauern der Verbotenen Stadt statt. Im Rahmen des Kulturprogramms besuchte die Königin die Terrakotta-Armee in Xi'an und die Große Mauer. An Bord der königlichen Jacht Britannia fand ein Bankett für hohe chinesische Beamte statt. Kritik wurde laut, weil Prinz Philip Peking als „grässlich“ bezeichnete und sich abfällig über die Gesichtszüge vieler Chinesen äußerte.

HUNDERTE HELFER BILDETEN EINE MENSCHENKETTE, UM WERTVOLLE KUNSTWERKE VOR DEM FEUER ZU RETTEN.

Brand im Schloss im „Annus Horribilis"

20. November 1992

Als ein Vorhang durch eine defekte Leuchte in der Privatkapelle in Brand geriet, brach ein Feuer auf Schloss Windsor aus. Über 225 Feuerwehrleute kämpften mit 39 Fahrzeugen gegen die Flammen, während Hunderte Helfer eine Menschenkette bildeten, um wertvolle Kunstwerke vor dem Feuer zu retten. Das Feuer brannte 15 Stunden lang und hinterließ schwere Schäden. Prinz Philip beaufsichtigte die Restaurierungsarbeiten. Die Debatte über die hohen Kosten führte dazu, dass der Buckingham-Palast für Touristen geöffnet wurde und die Königin Einkommenssteuer zahlen muss. Einige Tage nach dem Brand bezeichnete Elizabeth das Jahr 1992 als ihr „annus horribilis".

„Dieser wunderbare Mann" und „meine Freundin Elizabeth"

20. März 1995

Nur wenige Monate nachdem Nelson Mandela in den ersten freien Wahlen zum Präsidenten gewählt worden war, reiste die Königin zu einem Staatsbesuch nach Südafrika. Sie traf am 19. März in Kapstadt ein, besuchte in den folgenden sechs Tagen Port Elizabeth, Durban, Pretoria und Johannesburg und überreichte Nelson Mandela den Verdienstorden. Sie unterhielt eine enge Beziehung zu Nelson Mandela, der sie als „meine liebe Freundin Elizabeth" bezeichnete. Sie kam gern seiner Bitte nach, auf das traditionelle Bankett bei seinem Staatsbesuch in Großbritannien zu verzichten und stattdessen mit ihm ein Konzert in der Royal Albert Hall zu besuchen.

Der Tod einer Prinzessin erschüttert die Monarchie

31. August 1997

Eine der größten Herausforderungen ihrer Regentschaft erlebte die Königin, als ihre ehemalige Schwiegertochter Diana bei einem Autounfall in Paris an der Seite ihres neuen Lebensgefährten Dodi Fayed starb. Die Entscheidung der Königin, in Balmoral zu bleiben, um sich um William und Harry zu kümmern, führte zu massiver Kritik und Vorwürfen mangelnder Anteilnahme. Man rechnete mit Anfeindungen in der Öffentlichkeit, aber die klare Unterstützung für ihre Enkel und eine Fernsehansprache, in der sie die Prinzessin am Vorabend ihrer Beerdigung würdigte, ließen den öffentlichen Unmut abklingen.

Treffen mit den Queens of Girl Power

1. Dezember 1997

Die Spice Girls standen als erfolgreichste Girlband der Welt sinnbildlich für das junge, coole Großbritannien. Als sie bei der Royal Variety Performance vor der Queen auftraten, konnten sie zahlreiche Nummer-eins-Songs und riesige Albumverkäufe vorweisen. Das Treffen mit der Monarchin fand statt, nachdem sie während des Galaabends im Victoria Palace Theatre vor Elizabeth und Prinz Philip „Too Much" gespielt hatten. Bei einer früheren Begegnung mit königlichen Würdenträgern hatte Geri Halliwell den Prinzen von Wales in den Hintern gekniffen, doch das mit Spannung erwartete Treffen mit der Königin verlief weitaus reservierter.

IM SOZIALEN WOHNUNGSBAU

7. Juli 1999

Während eines Aufenthalts in Glasgow besuchte die Königin Susan McCarron in ihrer Sozialwohnung zum Tee. 15 Minuten lang unterhielten sich die beiden Frauen, während der zehnjährige James McCarron mit einer Hofdame auf dem Sofa saß und etwas verwirrt war.

Nur zwei Jahre nach dem Tod von Diana, Prinzessin von Wales, sollten Besuche wie dieser dazu dienen, die Königin nahbarer zu machen. Susan McCarron war voll des Lobes über ihre königliche Besucherin, die den Tee genoss, aber die Kekse nicht anrührte. „Man konnte ganz unkompliziert mit ihr reden", sagte sie nach dem Besuch

Ende einer Ära

9. Februar und 30. März 2002

Am 9. Februar 2002 starb nach langer Krankheit die einzige Schwester der Königin, Prinzessin Margaret. Wenige Tage später wurde die Königinmutter per Hubschrauber zur Beerdigung ihres jüngeren Kindes nach Windsor geflogen. Als diese am 30. März 2002 im Alter von 101 Jahren verstarb, hielt die Königin ihre Hand. Mehr als 200.000 Menschen zogen an ihrem Sarg vorbei, der in der Westminster Hall aufgebahrt war. Die letzte Wache hielten ihre vier Enkel. Nach dem Staatsbegräbnis am 9. April 2002 wurde „Queen Mum" in der St. George's Chapel in Windsor beigesetzt, zusammen mit ihrem Ehemann, König George VI und der Asche von Prinzessin Margaret.

CROSS HERE

Ein sehr modernes Jubiläum

4. Juni 2002

Zum Abschluss der Feierlichkeiten zum Goldenen Thronjubiläum fuhr die Königin in der goldenen Krönungskutsche unter dem Beifall einer großen Menschenmenge die Mall hinunter, um einem Dankgottesdienst in der St. Paul's Cathedral beizuwohnen. Der 50. Jahrestag ihrer Regentschaft wurde im ganzen Land mit Straßenfesten begangen. Den Höhepunkt der Feierlichkeiten bildete jedoch die „Party at the Palace" im Buckingham-Palast, die Queen-Gitarrist Brian May vom Dach mit der Nationalhymne eröffnete. Anfängliche Befürchtungen, das Goldene Jubiläum könnte ein Flop werden, erwiesen sich als falsch.

Segen für eine umstrittene Romanze

9. April 2005

Die Königin war nicht anwesend, als ihr ältester Sohn seine langjährige Lebensgefährtin Camilla Parker Bowles in einer zivilen Zeremonie in der Windsor Guildhall heiratete. Sie wohnte jedoch dem Gottesdienst in der St. George's Chapel bei, in der die Verbindung gesegnet wurde. Im Vorfeld der Hochzeit wurde bekannt gegeben, dass Camilla als Herzogin von Cornwall und nicht als Prinzessin von Wales bezeichnet werden würde, da ihre Beziehung zu Charles in den späteren Jahren seiner Ehe mit Diana immer wieder für Kontroversen gesorgt hatte. Die Hochzeit fand am Grand National Day statt und die Königin sagte auf dem Empfang: „Das Paar ist endlich angekommen."

BEHAGLICHES REFUGIUM

25. Dezember 2006

Sandringham ist das private Landhaus der Königin in Norfolk. Im Gegensatz zum Buckingham-Palast und zu Schloss Windsor sind Sandringham und Balmoral Privatbesitz der Königin. Sie hält sich traditionell zwei Monate lang in Sandringham auf, um Weihnachten zu feiern und den Todestag ihres Vaters zu begehen. 32 Weihnachtsfeste in Folge verbrachte sie in Sandringham, bis die Covid-Pandemie sie 2020 zwang, in Windsor zu bleiben. Die königliche Familie nimmt am Weihnachtstag an einem Gottesdienst in der St. Mary Magdalene Church teil, die sich auf dem Anwesen befindet, und begrüßt anschließend die Menschenmenge draußen. Hier geht die Königin erfreut auf eine Gruppe von Kindern zu, die vor der Kirche auf sie warten.

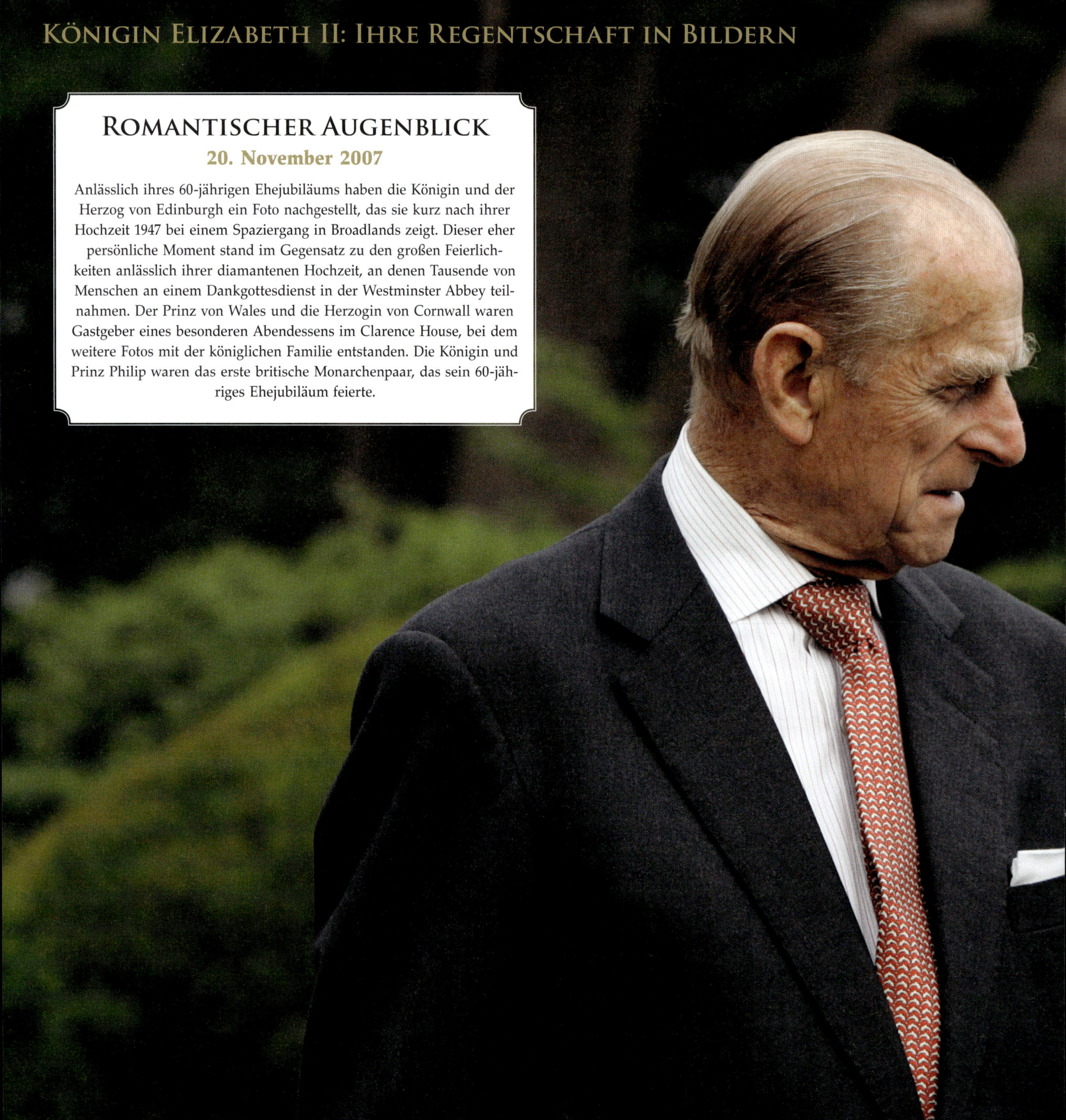

ROMANTISCHER AUGENBLICK

20. November 2007

Anlässlich ihres 60-jährigen Ehejubiläums haben die Königin und der Herzog von Edinburgh ein Foto nachgestellt, das sie kurz nach ihrer Hochzeit 1947 bei einem Spaziergang in Broadlands zeigt. Dieser eher persönliche Moment stand im Gegensatz zu den großen Feierlichkeiten anlässlich ihrer diamantenen Hochzeit, an denen Tausende von Menschen an einem Dankgottesdienst in der Westminster Abbey teilnahmen. Der Prinz von Wales und die Herzogin von Cornwall waren Gastgeber eines besonderen Abendessens im Clarence House, bei dem weitere Fotos mit der königlichen Familie entstanden. Die Königin und Prinz Philip waren das erste britische Monarchenpaar, das sein 60-jähriges Ehejubiläum feierte.

Protokollbruch mit einer neuen Freundin

1. April 2009

Das königliche Protokoll schreibt vor, dass niemand die Königin berühren darf, aber im Jahr 2009 wurde für die First Lady der USA, Michelle Obama, eine Ausnahme gemacht. Am Ende eines langen Empfangs im Buckingham-Palast legte Frau Obama ihren Arm um die Königin, die die Geste erwiderte. Es entbrannte eine heftige Debatte darüber, ob die königlichen Regeln gebrochen worden waren. Michelle Obama sagte später, sie sei sich des Protokolls nicht bewusst gewesen, und ihr Mann bemerkte, die Königin schiene keine Einwände gehabt zu haben. Bei einem zweiten Staatsbesuch der Obamas im Jahr 2011 gab es keine königlichen Umarmungen.

Hochzeit eines künftigen Königspaars

29. April 2011

Fast ein Jahrzehnt nachdem sie sich kennengelernt hatten, heirateten Prinz William und Catherine Middleton in der Westminster Abbey vor einer Gemeinde, in der sich europäische Adelige mit Stars wie den Beckhams mischten. Die Braut trug ein maßgeschneidertes Kleid von Alexander McQueen, ein Diadem, das ihr die Königin geliehen hatte, und einen Blumenstrauß mit Bartnelken, englisch „Sweet William". Der Bräutigam erhielt von seiner Großmutter am Tag der Hochzeit den Herzogstitel von Cambridge. Hunderttausende versammelten sich vor dem Buckingham-Palast, um dem Paar zuzujubeln. Im Vereinigten Königreich gab es über 5000 Straßenfeste, und zwei Milliarden Menschen sollen die Hochzeit im Fernsehen verfolgt haben.

HISTORISCHER STAATSBESUCH IN IRLAND

17.-20. Mai 2011

Zum ersten Staatsbesuch einer britischen Monarchin in der Republik Irland trug die Königin Grün. Der Besuch, der als Symbol für die Verbesserung der Beziehungen zwischen den beiden Ländern nach jahrzehntelangen gewaltsamen Auseinandersetzungen angesehen wird, stieß bei den irischen Republikanern auf Kritik und war mit dem größten Sicherheitseinsatz des Landes verbunden. Präsidentin Mary McAleese zeigte sich beeindruckt, als die Königin ihre Rede beim Staatsbankett auf Gälisch begann. Der Besuch umfasste auch die National War Memorial Gardens und den Croke Park, in dem 1920 Sportfans von britischen Streitkräften getötet worden waren. Zum Abschluss ihres Besuchs unternahm die Königin einen Walkabout in Cork.

Die diamantene Königin lässt London erleuchten

4. Juni 2012

Die Königin war Ehrengast eines Konzerts im Buckingham-Palast, das zum Abschluss ihres 60-jährigen Thronjubiläums stattfand. Mehr als 12000 Menschen hatten Freikarten für die Veranstaltung gewonnen, rund 250000 weitere verfolgten auf der Mall auf riesigen Bildschirmen, wie Stars wie Sir Paul McCartney und Kylie Minogue auf einer um das Victoria Memorial herum gebauten Bühne auftraten. Dame Shirley Bassey sang „Diamonds are Forever“, und Gary Barlow, Organisator des Konzerts, stimmte die Jubiläumshymne „Sing“ an. Prinz Philip erkrankte einige Stunden zuvor und konnte nicht miterleben, wie die Königin zum Abschluss der Show das traditionelle Jubiläumsfeuer anzündete.

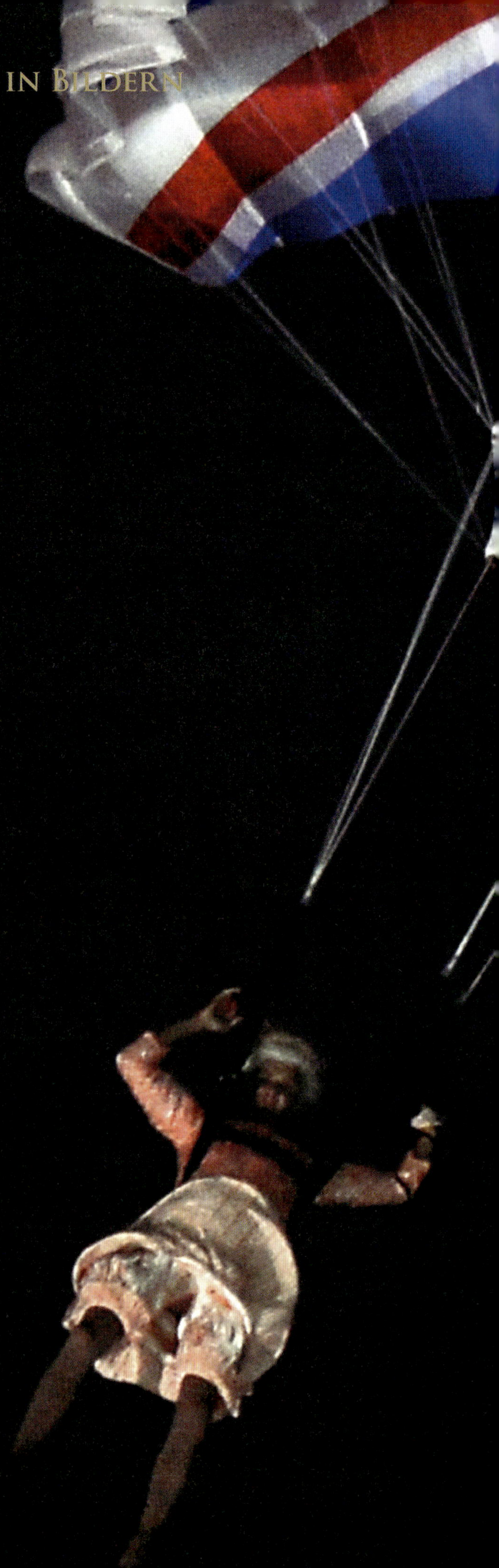

Überraschung bei Olympia

27. Juli 2012

Die Queen überraschte die Welt, als alle Augen auf die Olympischen Sommerspiele 2012 in London gerichtet waren. In der von Danny Boyles inszenierten Eröffnungszeremonie marschiert Daniel Craig – James Bond – in den Buckingham-Palast, um die Queen abzuholen. Zwei Corgis und ein Diener begleiten die beiden hinaus, wo sie in einen Hubschrauber steigen, um scheinbar wenig später mit Fallschirmen über dem Olympiastadion abzuspringen. Nach dieser Szene erschien die Königin, um die Spiele offiziell zu eröffnen.

IM FILM SCHWEBT DIE „QUEEN“
AM FALLSCHIRM ZUR ERÖFFNUNG
INS OLYMPIASTADION IN
LONDON.

DIE PFERDE IHRER MAJESTÄT

20. Juni 2013

Die Königin ist ein großer Fan von Pferderennen und häufig bei Rennveranstaltungen zu sehen. Als Eigentümerin und Züchterin von Vollblut-Rennpferden wurde sie 1954 und 1957 zum britischen Champion Owner ernannt. Sie hat Sieger in fast allen britischen Rennklassen besessen und gezüchtet. 2021 wurde sie für ihre Verdienste um den britischen Pferdesport in die Qipco British Champions Series Hall of Fame aufgenommen. Das Foto zeigt sie 2013 beim Ladies' Day in Ascot mit John Warren, ihrem Berater für Zucht und Rennsport. Dies war das erste Mal, dass der Cup von einer amtierenden Monarchin gewonnen wurde.

Drei Erben in der Thronfolge

22. Juli 2013

Mit der Geburt von George Alexander Louis, dem ältesten Kind des Herzogs und der Herzogin von Cambridge, hat zum ersten Mal seit über einem Jahrhundert ein britischer Monarch drei direkte Erben in der Thronfolge. Bei der Taufe von Prinz George entstand dieses historische Vier-Generationen-Foto. Vor der Geburt des Prinzen hatte die Königin die Regeln der Thronfolge geändert, um sicherzustellen, dass eine zuerst geborene Prinzessin ihre Rechte nicht an einen jüngeren Bruder verloren hätte. George, der Dritte in der Thronfolge, wurde schon oft mit seiner „Gan-Gan" gesehen, die Berichten zufolge eine liebevolle Urgroßmutter ist.

DIE QUEEN, DAS OBERHAUS UND DAS UNTERHAUS

27. Mai 2015

Die feierliche Eröffnung des Parlaments ist eines der wichtigsten Ereignisse im Jahr der Königin, das sie während ihrer langen Regierungszeit nur zweimal versäumt hat. Es ist der einzige Anlass, bei dem alle drei Teile der Legislative – die Krone, die Lords und das Unterhaus – zusammenkommen. In der für die Königin verfassten Rede werden die Pläne der Regierung dargelegt. Seit 2019 trägt die Königin bei der Zeremonie nicht mehr die Staatskrone. Sie wird wegen ihres Gewichts auf einem Tisch neben der Monarchin abgelegt.

SPIELE UND SPASS

5. September 2015

Die Königin besucht während ihres jährlichen Sommerurlaubs in Schottland regelmäßig das Braemar Gathering, die berühmtesten Highland-Spiele der Welt. Die Veranstaltung findet in der Nähe des Anwesens Balmoral statt. Seit Königin Victoria 1848 das Braemar Gathering besuchte, ist es Tradition, dass die königliche Familie den Spielen beiwohnt. Die Königin ist Schirmherrin und „Chieftan" der Veranstaltung, bei der Wettbewerbe wie Hammerwerfen, Tauziehen und Highland-Dancing ausgetragen werden. Hier sieht man sie, wie sie sich mit einer Decke auf dem Schoß und umgeben von ihrer Familie köstlich amüsiert.

Die längste Regentschaft aller Zeiten

9. September 2015

Die Königin zögerte, den Moment zu feiern, an dem sie ihre Ururgroßmutter Victoria als am längsten regierende Monarchin Großbritanniens ablöste. Aber ihr Volk feierte sie mit einer Flottille von Schiffen, die über die Themse entlang fuhr und auch das Unterhaus unterbrach seine tägliche Arbeit, damit die Abgeordneten Elizabeth ehren konnten. Die Königin reiste mit dem Zug nach Schottland, wo sich die Menschen an der Bahnstrecke versammelten, um ihrer Monarchin zuzuwinken. Sie dankte den Menschen für ihre Freundlichkeit und äußerte: „In einem langen Leben gibt es unweigerlich viele Meilensteine – meins ist da keine Ausnahme."

DAS UNTERHAUS UNTERBRACH SEINE TÄGLICHE ARBEIT, DAMIT DIE ABGEORDNETEN DIE KÖNIGIN EHREN KONNTEN.

Der grüne Planet

16. April 2018

Für eine Sondersendung mit Sir David Attenborough ließ die Königin Fernsehkameras in den Buckingham-Palast. In der Sendung *The Queen's Green Planet* ging es um Commonwealth Canopy, ein Netzwerk geschützter Waldprojekte, das auf der ganzen Welt aufgebaut wird. Die Königin, die selbst viele Staatsoberhäupter zur Teilnahme gewonnen hat, strebt eine Ausweitung des Projekts auf alle Commonwealth-Staaten an. Sie erläuterte dessen Bedeutung und die Chance, dem Klimawandel Einhalt zu gebieten. Es gab auch Zeit für Späße; als ein Hubschrauber das Gespräch unterbrach, bemerkte die Königin: „Klingt wie Präsident Trump – oder Obama."

Eine sehr moderne königliche Hochzeit

19. Mai 2018

Meghan Markle war die erste Person afroamerikanischer Abstammung, die in die königliche Familie einheiratete. Zur Hochzeit mit Prinz Harry in der alten St. George's Chapel in Windsor waren Stars wie George Clooney und Oprah Winfrey anwesend. Der Bräutigam hatte für den Brautstrauß Blumen aus dem Garten des Paares gepflückt und der Empfang in der George's Hall, dem auch die Queen beiwohnte, stand ganz im Zeichen des 21. Jahrhunderts. Hunderttausende waren gekommen, um dem neuen Herzog und der Herzogin von Sussex zuzujubeln. Zwei Jahre später zog sich das Paar aus der Öffentlichkeit zurück.

100
S
G2

Schirmherrschaften

6. November 2019

Die Königin ist Schirmherrin von mehr als 600 Wohlfahrtsverbänden und Organisationen wie dem Britischen Roten Kreuz und Cancer Research UK mit Sitz im Vereinigten Königreich und im gesamten Commonwealth. Während ihrer Regentschaft hat sie Milliarden für wohltätige Zwecke gesammelt und vielen zu mehr Bekanntheit verholfen. Sie unterstützt eine Vielzahl von Wohltätigkeitsorganisationen, sozialen Vereinen, Kunstorganisationen, Schulen und Universitäten und setzt sich für Themen wie den Umwelt- und Tierschutz ein. Als Pferdeliebhaberin ist sie auch Schirmherrin des National Horseracing Museum und des Jockey Club.

Hohe Auszeichnung für einen Nationalhelden

17. Juli 2020

Der Versuch von Captain Sir Thomas Moore, vor seinem 100. Geburtstag 100 Runden durch seinen Garten zu gehen, um Geld für den NHS zu sammeln, hatte während des ersten Lockdowns viele Menschen berührt. Seine Bemühungen brachten über 32 Millionen Pfund ein. Premierminister Boris Johnson nominierte ihn für den Ritterschlag. Die Zeremonie fand im Innenhof von Schloss Windsor statt. Die Königin benutzte ein Schwert, das ihrem Vater, König George VI, gehört hatte. Dies war der erste Ritterschlag, bei dem Abstandsregeln einzuhalten waren.

SERVER

Abschied von ihrer „Kraftquelle und Stütze"

9. April 2021

„In tiefer Trauer gibt Ihre Majestät, die Königin, den Tod ihres geliebten Ehemannes bekannt." Diese schlichte Erklärung, die nur wenige Stunden nach dem Tod von Prinz Philip veröffentlicht wurde, bestätigte das Ende einer Ehe, die ein Dreivierteljahrhundert überdauert hatte. Das Paar hatte die letzten Wochen von Philips Leben gemeinsam auf Schloss Windsor verbracht, nachdem der Prinz Anfang 2021 ins Krankenhaus eingeliefert worden war. An der Beerdigung von Prinz Philip in der St. George's Chapel nahmen aus Platzgründen nur 30 Personen teil. Der Sarg des Herzogs wurde in einem speziellen Land Rover transportiert, den er selbst entworfen hatte. Die Königin hielt alle Pandemievorschriften ein und trauerte allein um ihren Mann.

Am Steuer

2. Juli 2021

Die Königin ist schon immer gern Auto gefahren. Während des Zweiten Weltkriegs trat die 19-jährige Prinzessin Elizabeth dem Auxiliary Territorial Service bei und ließ sich zur Fahrerin und Mechanikerin ausbilden. Als Saudi-Arabiens Kronprinz sie 2003 auf Sandringham besuchte, unternahm sie mit ihm eine Fahrt in ihrem Land Rover. Berichten zufolge war der Kronprinz sehr erschrocken, da er nicht wusste, dass sie selbst fahren würde. Die Entscheidung wird als feministisches Statement betrachtet, denn damals war Frauen in Saudi-Arabien das Autofahren verboten. Seit 2019 fährt die Königin nicht mehr auf öffentlichen Straßen. Das Foto zeigt sie 2021 bei der Royal Windsor Horse Show.

Die persönlichste aller Weihnachtsansprachen

25. Dezember 2021

Die Weihnachtsansprache der Königin im Jahr 2021, in der sie ihren „geliebten Philip“ würdigte, war die persönlichste, die sie je gehalten hat. Sie saß neben dem Foto, das zur diamantenen Hochzeit aufgenommen worden war, und trug dieselbe Brosche wie an einem Fototermin in den Flitterwochen. Mit bewegenden Worten sprach sie über sein Leben, sein Vermächtnis und ihren Verlust. Sie verriet dass „dieses schelmische, fragende Funkeln am Ende so hell war wie damals, als ich ihn zum ersten Mal sah“. Ihr bevorstehendes Thronjubiläum bezeichnete sie als Chance für die Menschen, „ein Gefühl der Zusammengehörigkeit zu erleben.“

MEHR ZUM ENGLISCHEN KÖNIGSHAUS...

ISBN 9783772472633

Mit einer Fülle neuer Einblicke in Prinz Charles' Leben ist dieses Buch die erste große Biografie des ewigen Anwärters auf den britischen Thron seit über zwanzig Jahren. Sally Bedell Smith, ebenfalls Autorin eines New-York-Times-Bestsellers über Königin Elizabeth II., kehrt somit zur britischen Königsfamilie zurück und gibt einen lebendigen und aufschlussreichen Bericht über das Leben als Mitglied der königlichen Familie.

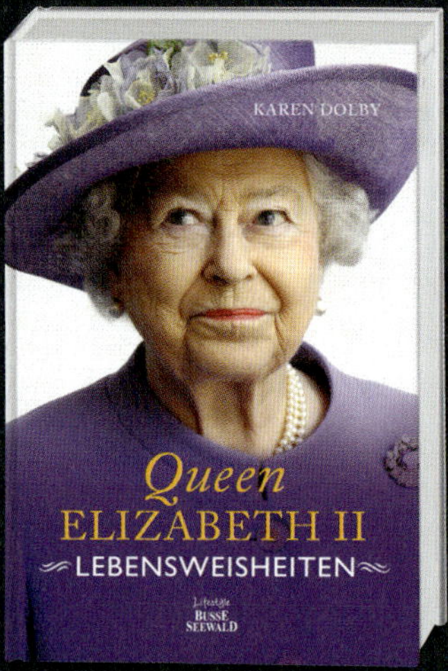

ISBN 9783772472824

Dieses Buch ist eine Hommage an Queen Elizabeth II., Großbritanniens am längsten amtierende Monarchin. Autorin Karen Dolby gibt mit diesem Band einen Einblick in die einzigartige Einstellung der Königin zum Leben, in ihre Lebensfreude, ihr Modebewusstsein und ihren trockenen Humor, ihren Familiensinn und ihr unerschütterliches Pflichtgefühl. Ein Muss für jeden Royals-Fan!

ISBN 9783772431159

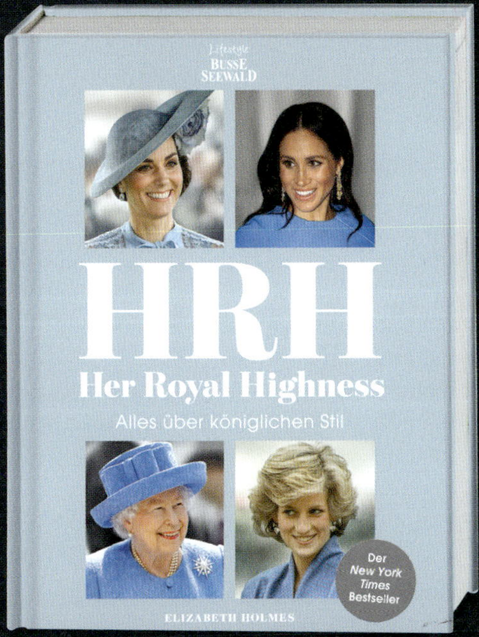

ISBN 9783772472954

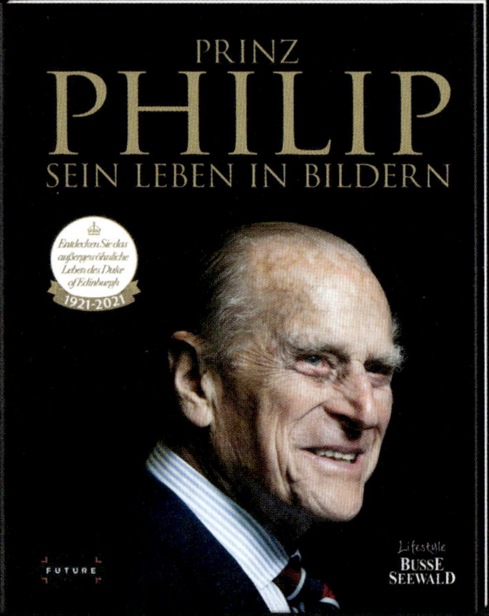

ISBN 9783772446108

Ein Bild sagt mehr als 1000 Worte – und bei Weitem mehr als 1000 Worte sind nötig, um das außergewöhnliche Leben des Herzogs von Edinburgh, zu beschreiben – ein Mann, der durch seine starke Persönlichkeit, seine unerschütterliche Loyalität zu seiner Königin und seinen klugen Humor nicht nur die Herzen seines eigenen Volkes erobert hat. Dieser emotionale Bildband ist eine wahre Hommage und begleitet Sie durch verschiedene Lebensabschnitte des Prinzen – von seiner stürmischen Kindheit und Jugend über seine Zeit im Militärdienst bis hin zu seinen Ehejahren und dem Leben am britischen Königshof.

ISBN 9783772446597

Gehen Sie mit uns hinter die Türen des Palastes und finden Sie heraus, wieviel Wahrheit hinter der Dramaserie steckt. Wundervolle, emotionale Fotografien und interessante Hintergrundinformationen lassen Sie tief in das Leben der englischen Königsfamilie eintauchen und hinter die Kulissen schauen: Entdecken Sie die Realität von Elizabeths Beziehung zu Philip Mountbatten, von den Zerwürfnissen und Gerüchten, die ihre frühe Ehe plagten, bis hin zu ihrer geteilten Elternschaft und der einsamen Kindheit ihres erstgeborenen Sohnes, Prinz Charles. Erfahren Sie, wie Liebe und Leidenschaft einen König ruinierte und den Weg für Elizabeth II ebnete, und finden Sie heraus, was die Königin wirklich über Großbritanniens erste weibliche Premierministerin dachte.

ISBN 9783772450737

„Diana: Her True Story" veränderte auf radikale Weise das Bild der breiten Öffentlichkeit vom britischen Königshaus. Damals nicht ernstgenommen und für unwahr gehalten, ist dieses Buch heute ein Klassiker der Literatur. Dianas Darstellung der Dinge offenbart intime Einblicke in ihre Hoffnungen, Träume und Ängste sowie Erschreckendes aus ihrem Leben und über ihre Beziehungen zu den Mitgliedern der königlichen Adelsfamilie. Für diese Jubiläums-Neuausgabe hat der königliche Biograf Andrew Morton erneut die unter Verschluss gehaltenen Tonbandaufnahmen seiner Interviews mit der Prinzessin von Wales zu Rate gezogen und seine Texte mit neuen Erkenntnissen daraus aktualisiert.

Lifestyle
BUSSE
SEEWALD

WEITERE SPANNENDE THEMEN ...

ISBN 9783772472862

ISBN 9783772472718

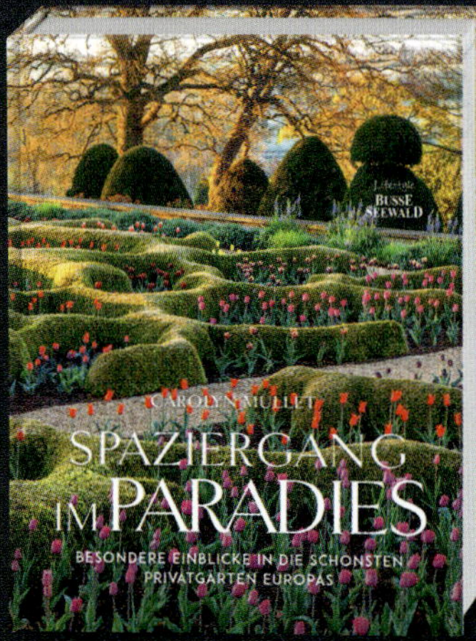

ISBN 9783772446610

ISBN 9783772472886

ISBN 9783772472558

ISBN 9783772472664

ISBN 9783772474309

ISBN 9783772474439

ISBN 9783772472701

ISBN 9783772446603

ISBN 9783735850331

ISBN 9783735850706

ISBN 9783772472763

ISBN 4007742181291

ISBN 9783772472947

IMPRESSUM

Titel der Originalausgabe:
Queen Elizabeth II: Reign in Pictures First Edition

Originally published in English by Future Publishing Limited, UK

For more information about this and other Bookazines published by the Future plc group, go to http://www.futureplc.com.

REDAKTEURIN: Jessica Leggett
BILDRECHTE: Alle Fotorechte wurden beachtet.
COVERFOTO: Getty Images

Für die deutsche Ausgabe:
PRODUKTMANAGEMENT UND LEKTORAT: Laila Prota
ÜBERSETZUNG: Wiebke Krabbe
COVERGESTALTUNG: Eva Hook
HERSTELLUNG: Petra Theilfarth
DRUCK: PNB Print Ltd, Lettland

Lifestyle BusseSeewald frechverlag GmbH, Dieselstraße 5, 70839 Gerlingen,
einem Unternehmen der Penguin Random House Verlagsgruppe GmbH, München

MIX
Paper | Supporting responsible forestry
FSC www.fsc.org FSC® C084698

Penguin Random House Verlagsgruppe
FSC® N001967